# TOUT CE QU'IL FAUT SAVOIR SUR LES GERBILLES

Mirabelle C. VOMSCHEID

Loi n°49-956 du 16 juillet 1949 sur les publications destinées à la jeunesse,
modifiée par la loi n°2011-525 du 17 mai 2011.

# Tout ce qu'il faut savoir sur les gerbilles

Édition : BoD™ - Books on Demand, 12/14 rond-point des Champs Elysées, 75008 Paris, France. Imprimé par BoD™ - Books on Demand GmbH, Norderstedt, Allemagne.

# Sommaire

Introduction..................................................................................5
Présentation de quelques espèces de gerbilles domestiquées.......................6
Qui est la gerbille ?.......................................................................10
Fiche signalétique de la gerbille de Mongolie........................................14
Les différents marquages de la gerbille de Mongolie domestique................17
Comment apprivoiser une Mérione ?..................................................21
Quels jeux choisir pour sa gerbille ?..................................................26
Comment bien nourrir sa gerbille ?...................................................35
La reproduction...........................................................................41
Les problèmes de santé de la gerbille................................................43
Pourquoi choisir une gerbille plutôt qu'un autre rongeur ?........................52
 Adopter une gerbille....................................................................56
Conclusion.................................................................................60

# Introduction

Il n'est pas toujours évident de savoir quel est le rongeur le plus approprié quand on souhaite acquérir un petit animal. La gerbille fait partie des petits rongeurs qui sont fortement appréciés pour leur facilité d'entretien. Elles sont en outre très intéressantes à regarder par leur mode de vie complexe et bien animé. Mais pour leur permettre de s'épanouir, elles ont besoin d'espace. Elles sont également un bon compromis pour ceux qui ne souhaitent pas s'engager sur le long terme, car elles ont une espérance de vie située entre 3 et 5 ans. Mais il faut également en tenir compte quand on souhaite avoir un animal le plus longtemps possible !

Dans nos foyers, la gerbille la plus répandue est la gerbille de Mongolie. Mais il existe d'autres espèces de gerbilles dont l'élevage devient de plus en plus fréquent.

Avant de s'attarder sur la gerbille de Mongolie qui sera le sujet principal de cet ouvrage, voici une présentation de quelques autres espèces de gerbilles que l'on peut être amené à rencontrer chez des particuliers ou chez des éleveurs.

# Présentation de quelques espèces de gerbilles domestiquées

Contrairement à la gerbille de Mongolie qui est une espèce domestique, il existe d'autres gerbilles à la physionomie différente de taille plus ou moins grande comme la gerbille à queue grasse, la gerbille à queue touffue, la gerbille de Shaw ou bien encore la gerbille égyptienne. Ces petits rongeurs sont considérés comme espèces sauvages, même si l'homme cherche à les apprivoiser. Elles sont d'ailleurs moins dociles que la Mérione de Mongolie.

### La gerbille à queue grasse

Elle doit son nom à sa queue qui est pleine de graisse et d'eau. Elle n'est guère plus grande qu'un hamster. Comme la gerbille de Mongolie, c'est un rongeur grégaire qui vit en groupe familial composé de frères ou de sœurs. Ce sont des animaux sociables à l'état sauvage, mais la femelle se montre malgré tout assez agressive à l'égard d'un mâle. On les trouve au Sahara et en Afrique du Nord, dans des régions désertiques où elles creusent des terriers dans le sable de plus d'un mètre de profondeur.

Si l'on souhaite adopter ces gerbilles, on les installera dans une cage à barreaux très rapprochés (mais surtout pas de bac en plastique), car elles pourraient le percer ou alors on les mettra dans un terrarium assez grand. L'intérieur sera aménagé de tuyaux en plastique ou en carton, de boîtes en bois ou en carton afin qu'elles puissent s'y cacher et y faire des galeries. Il faudra garnir le fond de la cage d'une bonne couche de copeaux (mais éviter les copeaux classiques qui sont source d'allergie chez ces gerbilles) afin qu'elles puissent creuser, car c'est leur activité favorite. On leur mettra à disposition une boîte contenant du sable à chinchilla afin qu'elles lustrent leurs poils et aussi des branches pour qu'elles puissent grimper ou si elles ont une cage à barreaux, on installera des étagères en bois avec échelles.

### La gerbille à queue touffue

Sa particularité est bien évidemment sa queue qui est longue et très touffue, avec un plumeau blanc tout au bout. Son pelage de teinte agouti-beige est très doux et mi-long, tandis que son ventre est crème. Pour le lustrer, elle aime prendre des bains de sable, c'est pourquoi elle vit dans les régions désertiques en Arabie et en Israël. Elle recherche aussi les endroits rocailleux. Comme la plupart des gerbilles, elle aime vivre en groupe et est aussi bien active la nuit que le jour. Elle est bien plus sociable que ses cousines dans la mesure où elle accepte tout nouvel individu qui ne fait pas partie de son clan. Sa durée de vie est de quatre à cinq ans.

C'est une espèce qui s'apprivoise facilement et qui n'est pas farouche. D'un naturel curieux, ces gerbilles n'hésitent pas à venir flairer leur nouveau maître. Pour leur bien-être, on leur proposera une cage spacieuse d'un mètre de long dans laquelle on installera une couche épaisse de copeaux pour qu'elles puissent creuser. Il ne faudra pas oublier de mettre des branches et des planches car ce sont d'agiles grimpeuses.

## La gerbille de Shaw

Cette gerbille est de taille assez grande avec un poids de 150 grammes et de 14 centimètres de long et d'immenses yeux proéminents. Elle est d'une certaine façon le miroir de sa cousine la gerbille de Mongolie en taille plus grande et est d'un tempérament aussi curieux que cette dernière. Elle est aussi originaire d'Afrique du Nord. Sur le plan comportemental, elle est en revanche différente de la gerbille de Mongolie. La femelle se montre en effet très agressive à l'égard de ses petits, et le mâle est dominant : il fera tout pour défendre son territoire. C'est une espèce très répandue en Amérique dans les foyers.

### La gerbille égyptienne

Elle est aussi appelé gerbille du Sahara ou gerbille des sables. De taille élancée et mince, elle a en revanche de grands yeux sombres et proéminents et son nez est pointu. Sa robe est de couleur sable avec le ventre blanc et sa queue, plus longue que son corps, se termine par un plumeau blanc. Elle est assez agressive de nature, et encore plus en période de gestation et celle qui la suit. C'est par conséquent une espèce difficile à apprivoiser.

Il existe d'autres espèces commercialisées à l'étranger, mais que l'on ne rencontre pas en France comme la gerbille de Setzer.

*Voici deux gerbilles acquises il y a une vingtaine d'années sous le nom de « Washy ». Elles se rapprochent de la gerbille de Shaw.*

## *Qui est la gerbille ?*

On dénombre sous le nom de gerbilles 16 genres différents dont les genres « gerbillus » et « Mériones » avec plus d'une centaine d'espèces différentes. On distingue chez le genre gerbilles une 40aine d'espèces différentes et chez les Mériones une 15aine d'espèces.

Les gerbilles vivent dans les zones arides et désertiques d'Afrique et du Proche-Orient et Moyen-Orient. Quant aux gerbilles de Mongolie, donc du genre Mérione, on les trouve dans le Nord-Est de la Chine et en Mongolie.

En Asie, on trouve principalement la Grande Gerbille qui évolue dans le désert en groupes très importants et communique essentiellement par cris ou en tapant des pieds pour avertir de la présence d'un prédateur.

En Afrique, les gerbilles sont considérées comme des animaux nuisibles car elles peuvent ravager les cultures. En Arabie, on les classe en deux catégories : les gerbilles des sables et les gerbilles des rochers.

### Et qu'en est-il de la gerbille de Mongolie ?

Les premières gerbilles de Mongolie furent importées en 1954 aux États-Unis et provenaient de Mongolie, d'où le nom de gerbille de

Mongolie, espèce la plus répandue à l'état de captivité. Elles ont d'abord été utilisées en laboratoire et sont apparues en France en tant qu'animal de compagnie au début des années 1990. La gerbille domestique est une variante de l'espèce de Mongolie et contrairement à la gerbille sauvage, on peut la trouver sous différentes couleurs qui vont du blanc au noir. Son nom latin « Meriones unguiculatus » signifie «guerrier avec des griffes». Elle doit ce nom au fait que ses pattes sont munies de griffes très développées qui lui permettent de creuser de longs terriers.

Ce petit rongeur est très intéressant à observer car il est capable de construire des galeries surprenantes d'une longueur pouvant atteindre 80 km ! Une étude a d'ailleurs démontré que les activités des gerbilles n'étaient pas en premier lieu la recherche de nourriture mais la découverte de l'environnement à explorer et de la maîtrise de celui-ci, car pour ce petit rongeur, un lieu inconnu est une source d'inquiétude. C'est ainsi que lors de cette étude, deux plateaux différents de nourriture avaient été mis à disposition du groupe de gerbilles. Dans l'un des plateaux, on avait déposé des graines de façon visible alors que dans le second plateau, les graines avaient été recouvertes de sciure et de fragments d'écorces. Chose surprenante : le groupe de gerbilles avait passé plus de temps à explorer le plateau qui contenait la nourriture cachée. L'explication en est simple : pour ces rongeurs, il s'agissait de comprendre la complexité de ce qui leur était proposé.

### La gerbille de Mongolie à l'état sauvage

A l'état sauvage, la gerbille de Mongolie aime creuser des terriers à plusieurs chambres, ainsi que de nombreuses galeries et s'y réfugie quand les températures deviennent extrêmes. On trouve en Mongolie des galeries de 2 kilomètres contenant en général un groupe d'une trentaine de gerbilles. Récemment, les chercheurs ont découvert, à leur plus grande stupéfaction, une galerie de 80 kilomètres qui abritait pas loin de 600 gerbilles et ne formant qu'un seul groupe !

C'est une espèce qui boit peu, seulement 4 ml d'eau par jour, s'étant adapté à son milieu. Cela lui permet d'habiter à l'état sauvage dans les steppes arides du continent asiatique (Mongolie, Chine, Russie et Mandchourie).  Elle aime fouiner dans des feuilles mortes ou du sable, d'où l'importance de procurer à la gerbille domestique une couche épaisse de litière pour retrouver ses instincts naturels. Elle se nourrit de végétaux humides pour trouver l'eau dont elle a besoin. En revanche, les gerbilles en captivité ont perdu cet instinct de survie et peuvent se déshydrater si elles manquent d'eau.

En ce qui concerne son rythme de vie, elle est à la fois diurne et nocturne, car elle fonctionne par périodes de quatre heures d'activité et quatre heures de repos. Contrairement à certains rongeurs, elle n'hiberne pas. C'est un animal sociable et grégaire qui aime la vie en groupe. Mais une fois qu'un groupe s'est construit, il est difficile d'introduire un nouveau venu, ce que l'on constate très souvent chez les gerbilles apprivoisées.

Elle possède une arme de défense redoutable qui lui est bien utile à l'état sauvage : il s'agit de la catalepsie qui consiste à mimer la mort. Elle est également capable de simuler une blessure en secrétant de la porphyrine par la glande de Harder et qui s'écoulera par le nez.

Ce petit rongeur montre par conséquent des capacités d'adaptation incroyables qui fera de lui un compagnon amusant à observer en captivité si on le lui laisse la possibilité de s'épanouir dans un enclos approprié à ses besoins.

# Fiche signalétique de la gerbille de Mongolie

**Embranchement** : vertébré

**Classe** : mammifère

**Sous-classe** : thérien (animaux qui portent leurs petits durant leur développement)

**Infra-classe** : placentaire

**Ordre** : rongeurs

**Sous-ordre** : famille des Muridés, la sous-famille des gerbillinés, et de l'espèce Mériones.

**Pays d'origine** : les régions semi-désertiques du nord-est de la Chine et de la Mongolie.

**Taille du corps** : 21 à 24.5 cm de long, la queue comprise

**Morphologie** : elle a 16 dents, seules les incisives sont à croissance continue. Elle a 4 doigts aux membres antérieurs qui sont très longs et 5 doigts aux membres postérieurs pour pouvoir manger. Ses griffes sont très développées afin qu'elle puisse creuser de longs tunnels. Et sa queue est poilue et touffue au bout pour tromper un éventuel prédateur qui se « contenterait » de lui couper la queue sans la tuer. Mais une fois arrachée, sa queue ne repousse plus !

**Dents** : Elle a des incisives à pousse continue et possède 16 dents qui s'alignent de la façon suivante = 1 incisive, pas de canines, pas de prémolaire, 3 molaires pour un côté de la gueule (soit 4 dents par demi mâchoire. Pour manger, elle mastique d'avant en arrière.

**Squelette** : Il est composé de 200 os qui sont fragiles. En ce qui concerne la partie nasale, elle lui permet de condenser la vapeur d'eau quand elle expire afin d'éviter les pertes inutiles. En effet, à l'état sauvage, elle vit dans des zones sèches et elle doit préserver le peu d'eau qu'elle a dans son corps.

**Poids** : entre 65 et 100 grammes pour le mâle et entre 55 et 85 grammes pour la femelle

**Maturité sexuelle** : pour le mâle 10 semaines et pour la femelle 18 semaines environ.

**Gestation** : 24 à 26 jours

**Nombre de petits** : de 1 à 12 petits, avec une moyenne de 5 petits. Les gerbilles ont de 7 à 8 portées par an

**Poids à la naissance** : 3 grammes

**Durée de vie** : 3 à 4 ans (à l'état sauvage, leur espérance de vie ne dépasse pas souvent 1 an car elles sont la principale source de nourriture des oiseaux de proie.)

**Mode de vie** : La gerbille de Mongolie est un rongeur grégaire qui peut facilement former un groupe d'une 20aine d'individus à l'état sauvage. Elle est aussi monogame et elle reconnaît son partenaire à l'odeur de l'urine et les phéromones présentes dans la salive. Elle a des cycles d'activités de 4 heures qui alternent avec des cycles de repos de même durée avec une activité plus importante au moment de la période crépusculaire.

**Caractère** : Elle est calme et douce, et ne mord que rarement, seulement quand elle se sent agressée ou effrayée. Une fois apprivoisée, elle prend facilement la nourriture dans le creux de la main. c'est un petit rongeur propre et sans odeur.

**Caractéristiques** : à l'état sauvage, la gerbille de Mongolie est de couleur agouti avec le ventre crème et le bout de la queue plus noir.

Mais en captivité, on voit de nombreuses variétés de teintes allant du blanc, roux, brun, gris au noir. Elles peuvent être unies ou tachetées.

**Sens** : La gerbille n'a pas une vue exceptionnelle puisqu'elle vit surtout dans les souterrains et ses yeux sont bien plus sensibles à la lumière qu'aux couleurs. En revanche, son odorat est très développé pour qu'elle puisse reconnaître ses congénères, sa nourriture et les marques qu'elle aura laissées sur son territoire. En ce qui concerne son ouïe, elle entend très bien même si ce sens n'est pas primordial étant donné son mode de vie, car elle fait partie des animaux fouisseurs. Le toucher avec les vibrisses (communément appelées moustaches) joue un grand rôle dans la pénombre afin d'éviter tout obstacle.

## Les différents marquages de la gerbille de Mongolie domestique

**La gerbille agouti** : Il s'agit de la couleur naturelle de la gerbille. Les poils sont composés de 3 couleurs avec à la racine, du gris, puis du jaune orangé et sur le bout du poil du noir. En revanche le ventre est blanc beige. Les yeux sont noirs.

**La gerbille noire** : elle est entièrement noire, mais il peut arriver qu'elle ait une petite tache blanche sur le museau ou sur le poitrail.

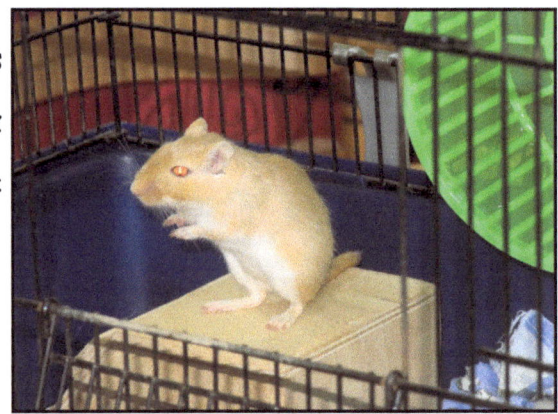

**La gerbille blonde** : Les griffes sont rosées. Les yeux sont rouges. Le ventre est blanc et l'ensemble du poil beige pâle.

**La gerbille blanche** : Il en existe de plusieurs espèces dont cette gerbille à droite qui est une pink eyed white.

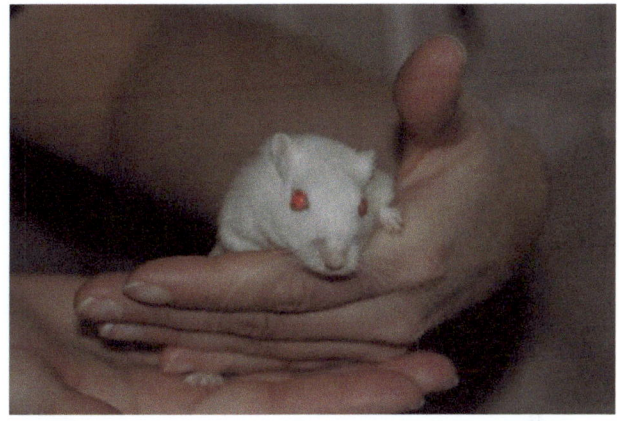

**La gerbille siamoise** : les extrémités sont noires (oreilles, pieds et nez) et la queue est noire.

**La gerbille Spotted** :  gerbille qui porte une ou des tache(s) blanches sur son pelage : sur le haut de la tête, sur le museau et sur le poitrail ou sur les pieds, sur le plumeau de la queue.

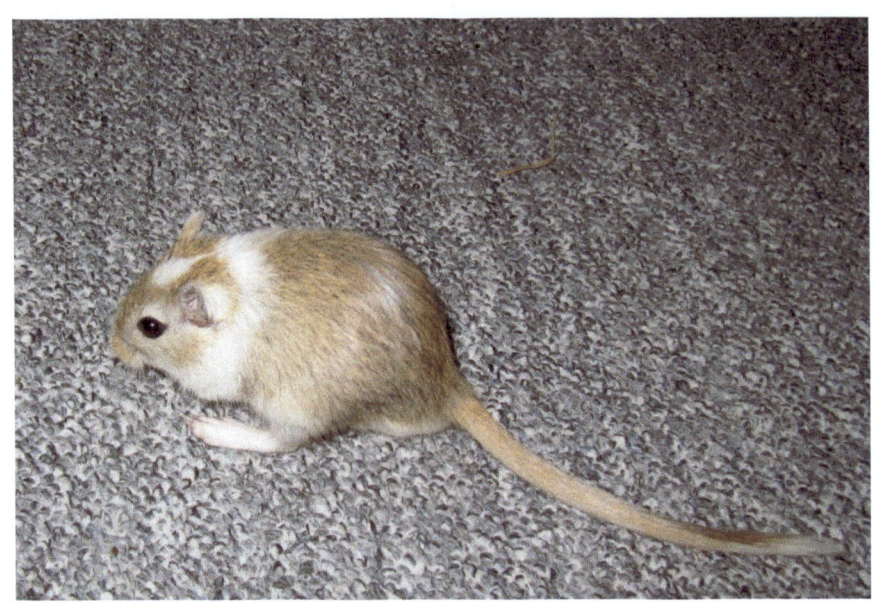

# Comment apprivoiser une Mérione ?

Apprivoiser une gerbille demande du temps, de la patience et beaucoup d'amour pour réussir à en faire un petit rongeur câlin et charmant.

Comme pour toute acquisition d'un rongeur, la gerbille demande du temps et de la patience avant de parvenir à une belle complicité. Mais le résultat en vaut la peine : une fois apprivoisée, elle monte facilement dans les mains de son maître et peut même s'installer sur ses genoux quand on lui donne l'occasion de s'ébattre en liberté dans une pièce. Tout rongeur qui reste en permanence dans sa cage est un animal qui a peu de chance de bien se socialiser. Il est important de lui créer un parc et de la laisser vadrouiller chaque jour dans une pièce sécurisée.

### L'arrivée des gerbilles à la maison

Il est important les premiers jours de laisser ses nouvelles compagnes tranquilles afin qu'elles s'adaptent et découvrent leur nouvel environnement. Il faudra par conséquent se contenter du minimum pour ne pas les déranger en ne leur donnant que de la nourriture et de l'eau. Une fois qu'elles se seront familiarisées avec les lieux et qu'elles auront construit leur nid, le maître pourra commencer à faire les présentations.

### La méthode d'apprivoisement

On commencera par tendre sa main près de l'entrée de la cage et surtout on restera immobile. Les gerbilles sont de grandes curieuses qui finiront par venir sentir la main. Il est possible que l'une d'elles grignote le bout des doigts, pas par méchanceté, mais plutôt par méfiance ou alors en raison d'une odeur de nourriture sur la main. On soufflera légèrement sur elle pour lui montrer que c'est interdit.

Pour les habituer à notre main, on déposera dans celle-ci une friandise et on laissera les gerbilles les prendre. Elles ne viendront pas du jour au lendemain et cette étape demandera plusieurs jours, voire plusieurs semaines pour les plus téméraires. Une fois que les gerbilles seront en confiance dans la main, on soulèvera la main. Au début, elles auront peur, ce qui est normal, ne connaissant pas cette nouvelle expérience, puis elles la prendront comme un jeu.

Il faudra veiller à ne jamais brusquer les choses sous peine de retarder l'apprivoisement. Patience et longueur de temps sont les meilleurs atouts pour conquérir une gerbille. Quand les gerbilles auront pris l'habitude d'être prises dans les mains, on pourra envisager les sorties hors de la cage.

### Les sorties hors de la cage

Beaucoup de propriétaires de rongeurs ne sortent jamais leurs animaux hors de leur cage, ce qui est dommage, car c'est le meilleur moyen pour développer une belle relation avec son rongeur. On peut en outre constater que ces personnes se plaignent aussi de trouver leurs boules de poils sauvages et peu câlines. On ne peut exiger d'un animal amour et complicité quand on passe très peu de temps avec lui.

Avant de lâcher les gerbilles en liberté dans une pièce ou en parc, il faut veiller à ce que les choses suivantes soient hors de leur portée :

- Les fils électriques
- Les plantes (certaines sont toxiques ou mortelles)
- Les fenêtres doivent être fermées et la porte de la pièce dans laquelle les gerbilles vont se promener doit l'être aussi ou alors prévoir une planche haute qui barre l'entrée de la pièce !
- Aucun autre animal en liberté ne doit être mis avec les gerbilles (encore moins les chiens, chats et furets). La gerbille est d'ailleurs capable d'attaquer un cochon d'inde qui l'approche !!!

- Les produits ménagers
- La cuvette des toilettes doit être fermée
- Les tiroirs d'armoire ou d'un bureau doivent aussi être fermés

Une fois toutes ces précautions prises, on peut ouvrir la porte de la cage et laisser gambader les gerbilles. Pour éviter tout accident, il est préférable de rester assis sur le sol et de ne pas bouger. En agissant de cette façon, on facilitera le contact avec les gerbilles. Elles finiront par monter sur les jambes de leur maître, puis repartiront vadrouiller et reviendront. Il arrive que certaines gerbilles, les plus âgées, s'installent sur les genoux de leur maître et dorment. Ce n'est pas courant, mais c'est un moment extraordinaire. Ce geste de la part d'une gerbille montre qu'elle a entièrement confiance en son maître. Pour parvenir à ce résultat, il faut des mois de patience et des sorties quotidiennes hors de la cage.

### Comment faire rentrer les gerbilles dans leur cage ?

Au début, il sera difficile de les faire retourner dans leur cage d'elles-mêmes. Il faut alors prévoir des tubes et des boîtes sur le sol dans lesquels elles se faufileront afin de les bloquer et de les remettre dans leur habitacle. Quand elles auront pris l'habitude d'avoir leurs heures de liberté quotidienne, elles feront certainement des allées et venues dans la cage. Il suffira d'attendre qu'elles y entrent pour les enfermer. Pour que les gerbilles ne voient pas ce geste comme un signe d'enfermement, on les récompensera au début par une friandise. On peut aussi les habituer à répondre à des mots simples : « allez, rentre dans ta cage ! ». Ces quelques mots finiront par être compris des gerbilles qui obéiront. Toutes ces étapes ne se concrétiseront pas si elles ne sont pas scrupuleusement respectées. Il ne faut en brûler aucune, et prendre le temps nécessaire pour chacune d'elles. Certaines gerbilles s'apprivoisent moins facilement que d'autres. Comme les humains, elles ont leur caractère : certaines se montreront dociles et d'autres récalcitrantes ! Les gerbilles sont aussi capables de comprendre quand elles font une « bêtise ». Exemple tout bête avec l'une de nos gerbilles qui s'échappe systématiquement du parc et qui y retourne aussi vite quand elle remarque que nous l'avons vue !!!

# Quels jeux choisir pour sa gerbille ?

La gerbille est un petit rongeur qui se dépense beaucoup en faisant des galeries et en construisant son nid. Quels jeux choisir pour stimuler une gerbille domestique ?

Comme beaucoup de petits rongeurs, la gerbille passera la plupart de son temps dans une cage. Il est important qu'elle puisse se divertir durant cette période et de lui mettre des jeux et jouets adaptés à son caractère. À l'état naturel, elle aime construire des galeries et creuser des terriers

à plusieurs chambres. Par conséquent, il faudra veiller à ce que le fond de sa cage soit recouvert d'une bonne couche de litière, voire de sable pour qu'elle puisse retrouver son environnement naturel. On n'hésitera pas à mettre à sa disposition des matériaux tels que tubes en carton, brindilles de foin et tissus pour qu'elle puisse façonner à sa façon son nid. En revanche, le coton et le contre plaqué sont à proscrire. À cela, il faudra ajouter de nombreux accessoires dans sa cage qui lui serviront de jouets de divertissement. En dehors de sa cage, on veillera à varier les terrains de jeux et à lui aménager des parcours diversifiés.

### Les jeux à installer dans une cage

L'accessoire indispensable pour une gerbille dans une cage est une roue en fer sans barreaux pour qu'elle ne se prenne ni la queue ni les

pattes dedans ou alors une roue en bois ou en plastique dur. Sur les photos, on peut voir une roue circulaire qui permet à la gerbille de ne pas s'abîmer le dos, mais toutes les gerbilles n'aiment pas ce style de roue « plate » !

On installera en outre deux ou trois maisonnettes qui lui serviront de  refuge pour se cacher, dormir ou bien encore aller camoufler sa nourriture. Pour distraire sa gerbille qui est un rongeur adorant grignoter tout ce qu'elle peut se mettre sous la dent, on n'hésitera pas à lui donner des rouleaux de papier toilette ou d'essuie-tout qu'elle s'amusera à réduire  en copeaux pour ensuite les transporter dans l'une de ses cabanes. En revanche, on évitera les tubes d'aluminium qui contiennent de la colle nocive pour notre petite gerbille et le diamètre étant petit, elle aura difficilement une bonne prise pour ronger.

On pourra mettre dans un coin de sa cage un pot de fleur en terre cuite qu'elle s'amusera à gratter comme une petite folle et qui lui permettra d'user ses griffes. On pourra

ajouter des tubes en plastique vendus en animalerie ou bien encore des tubes en PVC vendus en magasin de bricolage. La gerbille appréciera aussi des pots en verre dans lesquels elle se faufilera.

En animalerie on trouvera des petites aires de jeux conçues pour les petits rongeurs ou bien encore un pont suspendu en bois naturel, toutes sortes de ponts ou une échelle à escalader. Ces jouets font le bonheur de nos boules de poils et le nôtre quand on les voit s'amuser dedans. Plus il y a de cabanes ou petits recoins où se cacher, plus les gerbilles sont heureuses. Elles ont besoin de place pour bouger et aussi pour faire des tunnels, d'où l'importance d'avoir un fond de cage rempli d'une bonne couche de litière.

Il est également très important de mettre à la disposition des gerbilles un bac à sable qui servira à l'entretien de son poil. On peut choisir de lui leur laisser ce bac en permanence ou alors de le mettre occasionnellement. Dans tous les cas, il faudra le nettoyer à l'aide d'une passoire pour enlever les crottes ou graines laissées dedans.

### Les jeux à l'extérieur de la cage

Pour éviter tout accident, on peut décider de mettre sa gerbille dans un parc, plutôt qu'en liberté totale dans une pièce où elle risque d'être écrasée. On pourra alors lui aménager un parcours constitué de nombreuses galeries à l'aide de tube de toutes sortes et agrémenté de cachettes comme les cabanes, maisonnettes ou boîtes en carton. On veillera à installer des échelles allant d'une cachette à une autre et si l'on possède des legos, on pourra

fabriquer des maisonnettes à étage qui lui permettront d'escalader et de grimper comme dans son milieu naturel.

Il est important de stimuler sa gerbille en variant à chaque sortie son terrain de jeux. Il existe aussi dans les animaleries des constructions en bois très réussies qui font office de château. Ces constructions sont assez chères, mais on peut fabriquer soi-même des maisonnettes simples avec des entrées qui feront tout aussi bien l'affaire, même si d'un point de vue esthétique, cela est moins joli.

Si l'on décide de laisser gambader sa gerbille dans une pièce, il faudra

mettre hors de sa vue et de ses dents, tous les fils électriques et protéger les meubles auquel on accorde de l'importance ! Il est dans l'instinct de la gerbille de ronger. Il est inutile de la disputer en raison d'un meuble qu'elle aurait pu grignoter, elle ne comprendrait pas. Mais pour éviter ce genre de désagrément, il suffit de mettre dans l'espace qu'on lui offre toutes sortes de boîtes en bois ou en carton à ronger.

Voici un exemple d'installations pour un parc à gerbilles, constitué principalement de cabanes en bois ou en carton, un bac à sable, de deux roues, l'une est horizontale, ce qui permet aux rongeurs de ne pas

s'abîmer la colonne vertébrale, mais elles ne sont pas appréciées par tous les rongeurs.

Les jeux et jouets sont essentiels pour l'équilibre psychologique de sa gerbille. Ils lui permettent en

outre de se dépenser physiquement et d'évacuer le stress qu'elles pourraient ressentir par ennui. Elles aiment les cachettes, les tunnels et des terrains de jeux où courir aisément.

Voici un exemple de château qui permet aux gerbilles de se glisser par les fenêtre ou portes.

## Comment bien nourrir sa gerbille ?

Comme la majorité des rongeurs, la gerbille est granivore et insectivore. Il faut respecter certaines règles pour l'équilibre alimentaire de ce petit animal. La gerbille se nourrit principalement de graines et d'autres aliments complémentaires comme des légumes, des fruits, des insectes et des produits laitiers. Sa nourriture de base doit être composée d'un taux de protéines de 15 à 25% et de moins de 5% de matières grasses. La nourriture ne doit pas être donnée en grande quantité, car la gerbille, comme beaucoup de rongeurs, a tendance à faire le tri dans ses aliments et à ne manger que le meilleur, les aliments les plus gras en général telles que les graines de tournesol. Les besoins quotidiens d'une gerbille de taille moyenne sont de 10 grammes par jour, soit l'équivalent d'une cuillère à soupe. En revanche, pour stimuler sa gerbille et la divertir, on peut cacher dans l'épaisse couche de copeaux quelques graines de tournesol qu'elle s'amusera à trouver sans difficulté ! A chaque fois que vous changerez les copeaux, vos gerbilles comprendront rapidement qu'il y a de la nourriture cachée et ce sera la chasse à la graine. Il est important de cacher les friandises pour que la gerbille prenne encore plus de plaisir à la déguster.

### L'alimentation de base de la gerbille

Elle se compose d'un mélange de graines que l'on trouve en animalerie ou en grande surface. Il faut éviter de prendre les paquets premier prix, car la qualité est souvent mauvaise et le mélange est riche en graisses et pauvre en protéines. Pour limiter les lipides contenus dans les mélanges, le mieux est de trier les graines et d'enlever les arachides et les graines de tournesol qui ne doivent être données qu'en friandises. À ce mélange, on donnera à sa gerbille du foin à volonté, un aliment riche en fibres et qui se digère bien quand il est de bonne qualité. Il faut éviter le foin jaune et dégageant une odeur de moisi et privilégier les foins de montagne ou de prairie enrichis en fleurs.

## Les compléments alimentaires de la gerbille

Les gerbilles raffolent des graines de tournesol qu'il faudra donner avec parcimonie, car elles sont riches en graisse et sont source d'obésité. Elles peuvent être données lors de la période d'apprivoisement. On pourra aussi lui offrir une fois par semaine un vers de farine ou un grillon (vendus en animalerie) ou bien encore un petit morceau d'œuf dur pour lui donner un apport suffisant en protéines. Les produits laitiers comme les yaourts ou les fromages à pâte dure seront aussi un excellent apport pour les protéines.

La gerbille apprécie également les fruits et légumes qu'il faudra limiter à deux ou trois fois dans la semaine, car ils sont source de diarrhée chez ce rongeur qui a les intestins sensibles. On pourra lui donner un petit morceau de carotte, de la banane, de la pomme (voir photo de la page précédente) ou même des légumes comme de l'endive, mais toujours en très petite quantité. Il ne faut pas oublier qu'à l'état sauvage, la gerbille n'a pas le privilège de manger des fruits et des légumes. L'alimentation pourra être complétée par des graines comme un épi de millet destiné aux oiseaux, ou bien encore du riz soufflé ou des flocons d'avoine. Si l'on veut se rapprocher de l'état sauvage, la gerbille

appréciera les feuilles de noisetier ou de framboisier et bien évidemment, elle se fera une joie de ronger une branche de noisetier qu'on n'hésitera pas à donner en entier, recouverte des bourgeons et des feuilles.

**Voici un tableau récapitulatif de ce que l'on peut donner :**

| fruits | légumes | Herbes / feuilles |
|---|---|---|
| • Pomme | • Endive | • Plantain |
| • banane | • concombre | • pissenlit |
| • poire | • fanes de carottes | • pâquerette |
| • raisin | | • feuille de noisetier |
| • fraises | • radis | • feuille de framboisier |
| • abricot | • poivron | • feuille de fraisier |

## Les aliments à bannir de son alimentation

Il est bon de rappeler que les friandises destinées aux humains, tels que les gâteaux salés et sucrés, le chocolat, les pâtes à tartiner ou les bonbons sont très mauvaises pour les gerbilles, même si elles en raffolent. Elles contiennent en effet des quantités énormes de sucres, des colorants et des conservateurs qui sont de moindre risque pour nous, mais toxiques pour nos petites boules de poils. La gerbille est en outre allergique à certains produits alimentaires qui peuvent être mortels chez elle, d'autant qu'elle ne peut pas vomir, comme la majorité des rongeurs. C'est le cas du chocolat composé de la théobromine qui est toxique pour tous les animaux.

Les agrumes sont à éliminer de son alimentation, car ils entraînent de graves problèmes rénaux. Toutes les salades, ainsi que les épinards doivent aussi être bannis, ils contiennent trop d'eau, des nitrates et provoquent des diarrhées parfois mortelles. Les noyaux de fruits et les amandes constituent un aliment toxique pour la gerbille.

### La coprophagie

On parle de coprophagie, quand les animaux mangent leurs excréments. Même si ce comportement peut nous sembler peu ragoûtant, il est essentiel pour les gerbilles et bien d'autres rongeurs qui récupèrent les vitamines et les nutriments par ce biais. Il est intéressant de faire remarquer que la gerbille ne mange pas n'importe quelle crotte. Quand elle ingère ses premiers aliments de la journée, elle ne synthétise pas tout ce dont elle a besoin. Les premières crottes faites suite à son ingestion d'aliments vont lui permettre de récupérer ce qui lui manque.

En cas de carence, on peut lui donner en cure de 10 jours du tonivit, un complément alimentaire enrichi en vitamines et oligo-éléments. Normalement, ce n'est pas nécessaire si la gerbille a une alimentation équilibrée. Seulement en période de convalescence, ce complément peut être utile.

## La reproduction

Les gerbilles peuvent s'accoupler dès l'âge de 10-12 semaines. C'est pourquoi il est important de bien séparer les mâles des femelles si on ne souhaite pas se retrouver avec une tribu de gerbilles.

## Comment différencier les mâles des femelles ?

Quand on n'a pas l'habitude de le faire, il est difficile au début de différencier un mâle d'une femelle. Mais il existe un moyen simple de distinguer les deux sexes. Le critère principal est la distance entre l'anus et les organes génitaux. On le voit facilement une fois que les gerbilles sont adultes ! Avant l'âge de trois semaines en revanche, il est difficile de voir les différences. Chez la femelle, les deux orifices sont pratiquement collés l'un à l'autre alors que chez le mâle ils sont distants d'un centimètre.

Certains couples se forment avant la maturité sexuelle vers 7 semaines. Les gerbilles sont rarement polygames : cela signifie qu'elles forment un couple à vie. La gestation dure 24 à 26 jours. La femelle n'a pas de besoins spécifiques durant cette période, mais il faut veiller à ce qu'elle ait une alimentation avec un taux de protéines d'au moins 21 %.

## Période de la mise bas

Avant la naissance des bébés, la femelle se construit un nid douillet avec les matériaux qu'elle aura à disposition comme du coton, de la laine, du papier ou encore du foin ou de la paille. Le mâle participe aussi à la construction du nid et il n'est pas nécessaire de le séparer de la femelle comme c'est le cas pour de nombreux rongeurs.

Une fois les petits nés, le mâle a un comportement paternel et s'occupe des bébés. Il est courant de voir la femelle ou le mâle tuer un petit si ce dernier est chétif et donc non viable.

### Après la mise bas

Les petits naissent nus et aveugles. Ils sont souvent composés de 4 à 5 petits et pèsent 2,5 à 3,5 g à la naissance. Ils ouvrent les yeux vers l'âge de 15 jours. La femelle allaite ses petits pendant 3 semaines. Les petits pèsent alors autour de 18 grammes. Les femelles ne sont plus fécondes dès 18 mois (2 ans pour les mâles).

Une fois que les petits sont nés, la femelle peut être de nouveau saillie très rapidement. Elle est à nouveau en chaleur 24 à 72 heures après la mise bas. C'est ainsi que l'on peut se retrouver avec une portée par mois !

## Les problèmes de santé de la gerbille

La gerbille n'est pas un rongeur fragile, elle résiste assez bien aux infections et aux maladies. Le principal problème auquel on peut être confronté, concerne les risques d'allergie liée aux litières non adaptées, qui peut entraîner des crises d'épilepsie. Pour cette raison, il est très important de choisir une litière adéquate comme de la litière de chanvre et de tourner le dos à la litière de pin, très allergène et poussiéreuse. Il ne faut pas oublier que de la litière souillée par les urines et qui n'est pas changée assez souvent est aussi un facteur allergène car l'urine dégage de l'ammoniaque.

### Comment reconnaître une gerbille malade ?

Une gerbille malade va se tenir prostrée dans un coin de son habitat, dormir très souvent. Elle ne jouera plus, mangera de moins en moins, voire plus du tout. Des signes extérieurs doivent alerter immédiatement tout propriétaire de gerbille quand celle-ci a le nez sale, le poil souillé ou encore les yeux collés. Un changement de respiration est également un signe de maladie : l'animal respire plus rapidement ou alors il force pour respirer. Ceci est souvent visible au niveau des flancs quand la maladie débute et si la gerbille force au niveau de la cage thoracique, c'est que la maladie est bien avancée. Il ne faut pas perdre de temps et prendre rendez-vous le jour même chez un vétérinaire. Des heures de gagnées sont des heures ou la gerbille peut être sauvée avant qu'il ne soit trop tard ! En effet, la prise d'un médicament tel que les antibiotiques peut commencer à faire effet, seulement au bout de 48 heures. Durant ce laps de temps, l'état de l'animal continue à se détériorer, d'où l'intérêt d'agir vite et efficacement.

## La trousse à pharmacie pour sa gerbille

Afin d'éviter de courir partout en cas de petits soucis de santé, il est important d'avoir chez soi une petite trousse d'urgence contenant les éléments de base :

- du sérum physiologique pour nettoyer le nez et les yeux
- des compresses pour nettoyer des plaies
- des cotons tiges
- de la bétadine gynécologique pour désinfecter les plaies
- de la chlorhexidine
- poudre antiparasitaire
- des gouttes omnicol (antibiotique local à mettre dans les yeux ou le nez) en cas de petite infection passagère matin et soir.
- Smecta (pansement intestinal en cas de grosse diarrhée)
- des seringues d'1 ml sans aiguille pour nourrir les gerbilles malades.

Voici une liste non exhaustive des maladies les plus courantes :

## Les allergies

Pour savoir si une gerbille est allergique, c'est simple : elle va souvent se frotter le nez ce qui va entraîner un écoulement nasal rouge. Ce n'est pas du sang, mais la couleur de ses sécrétions nasales. Elle finira par perdre des poils autour du nez à force de se frotter le bout du nez.

Pour savoir si la cause provient de la litière, il faut nettoyer l'ensemble de la litière et ensuite tapisser le fond de la cage de papier toilette. Si son état s'améliore, le poil autour de son nez va finir par repousser. Le cas contraire, il faudra emmener la gerbille chez un vétérinaire pour déterminer la cause.

## Les crises d'épilepsie

Elles sont impressionnantes quand on n'a jamais été confronté à ce cas, mais il ne faut pas paniquer pour autant. On reconnaît les symptômes aux petites convulsions qu'elle fait avec les yeux fermés et n'arrive plus à se déplacer. Elle donne l'impression d'avoir le hoquet. Le phénomène peut durer plusieurs minutes selon le cas. Souvent, ces crises sont liées au stress tel que le changement d'habitat. L'une des premières gerbilles que j'avais eue m'avait fait une crise de ce style. A peine sortie de l'animalerie, elle s'est mise à avoir des crises de hoquet. Cela a duré quelques heures, puis une fois bien installée à la maison, tout est rentré dans l'ordre.

### Les problèmes de peau

Comme les autres rongeurs, la gerbille peut avoir des problèmes de peau même si ce n'est pas son problème de santé dominant.

**Les parasites externes**

Il s'agit de champignons telle que la ***teigne***, d'acariens qui sont responsables des ***puces*** ou de la ***gale***, des maladies très contagieuses entre les espèces et aussi chez l'humain en ce qui concerne la teigne. Ces maladies ne sont pas les plus fréquentes mais quand on les rencontre il faut agir vite. Elles se remarquent par les démangeaisons des gerbilles qui n'arrêtent pas de se gratter. L'origine en est souvent une litière souillée ou un foin de mauvaise qualité ou l'introduction d'un nouvel animal au sein de la tribu déjà présente.

Les puces ou les poux se remarquent facilement : on dénote la présence de petites traces noires dans le poil. Quand on note la présence de zones sans poils, autour du nez par exemple ou des petites plaques dénudées sur le corps, on pense souvent à la gale. Quant à la teigne, elle se démasque facilement par l'apparition de croûtes sur le corps ou une sorte de poudre blanche sur les lésions rondes sans poils.

Pour soigner ces problèmes, il suffit de consulter un vétérinaire qui donnera le traitement approprié pour soigner la gerbille. Le traitement est simple mais contraignant.

**La dermatophytose** est une affection typique des gerbilles. Il s'agit d'un champignon transmis par l'intermédiaire de tiques. On remarque un suintement puis des pellicules ou des croûtes. Il faut traiter le problème par des bains antiseptiques et une prise d'antibiotiques.

### Les pertes de poils

Comme dit dans le paragraphe précédent, les pertes de poil délimitées peuvent être dues à des parasites, mais la cause peut être ailleurs. Quand elles sont centrées sur le nez, cela est souvent du à un frottement, notamment lorsque la gerbille mordille trop souvent ses barreaux par ennui. Si le nez a des petites plaies, il faudra désinfecter avec de la chlorhexidine, désinfectant vendu dans toutes les pharmacies ou encore avec de la bétadine qui permet d'assécher les croûtes.

Si la perte de poils concerne tout le corps avec des poils qui volent partout dès que l'on caresse sa gerbille, il s'agit souvent d'une carence en vitamines ou un déséquilibre alimentaire. Pour éviter ce problème, il faut donner une alimentation équilibrée et donner une fois par trimestre un peu de Tonivit (médicament vétérinaire) : une goutte par jour en traitement d'une 10aine de jours.

### Les problèmes intestinaux

Les gerbilles peuvent rencontrer des **désordres intestinaux avec de la diarrhée** dont les causes sont diverses :

- Ingurgitation d'un aliment souillé ou de légumes frais donnés en trop grandes quantités

- Développement de parasites internes où il faudra donner un vermifuge

- Salmonellose qui est la conséquence de la prolifération de salmonelles suite à un stress par exemple qui peut entraîner une mort rapide.

- La maladie de Tyzzer est une maladie infectieuse bactérienne due au bacille Clostridium piliforme qui apparaît en cas de gros stress. Les premiers signes sont l'apathie, le refus de s'alimenter et une diarrhée. Elle est contagieuse, il faut donc séparer la gerbille des autres congénères et surtout se dépêcher de voir un vétérinaire car cette maladie peut emporter la gerbille en 48 heures si aucun traitement antibiotique n'est pris.

Le problème principal de la diarrhée est un risque de refroidissement ou encore de déshydratation. Si la gerbille ne se nourrit plus, il faudra la mettre au chaud et la nourrir artificiellement avec de la bouillie de carottes pour lutter contre la diarrhée ou lui donner de la compote de pommes. Il faudra veiller à ce qu'elle ait aussi de l'eau. On peut donner 3 fois par jour un peu de smecta (une mini pointe d'un couteau avec de l'eau) pour que la diarrhée s'arrête et faire attention que le diarrhée ne se transforme pas en constipation. Il ne faut pas en donner quand il s'agit de crottes molles et non liquides.

Si la gerbille semble vraiment apathique, il est préférable de la montrer dans la journée à un vétérinaire pour s'assurer que le problème n'est pas d'origine infectieuse.

### Les problèmes dentaires

Comme beaucoup de rongeurs, la gerbille n'échappe pas aux problèmes dentaires qui peuvent être bénins comme alarmants. Dans le premier cas, il arrive que les rongeurs cassent leurs incisives pour multiples raisons (bagarre avec les congénères, chute dans la cage... ) et il n'y a rien à faire à part s'assurer que la gerbille arrive à manger en dépit de son handicap.

Dans le second cas, le problème souvent rencontré chez les rongeurs concerne la malocclusion dentaire. Il s'agit d'un problème de mâchoire où les deux mâchoires ne sont pas en face l'une de l'autre et empêche l'usure normales des dents. Si les dents ne s'usent pas normalement, surtout celles qui se trouvent au fond de la bouche, elles risquent de se loger dans les joues ou sur la langue et de provoquer des ulcères ou encore de former un arc de cercle autour de la langue et de l'emprisonner. La gerbille souffrira et ne pourra plus s'alimenter correction. Souvent ce problème est génétique ou alors apparaît quand l'animal vieillit.

Dans tous les cas, il faut surveiller la pousse des dents et s'assurer qu'elles repoussent normalement et dans le bon sens !

\* \* \*

Si l'on prend soin de sa gerbille et qu'on lui donne une alimentation équilibrée, un habitacle non allergisant et à l'abri des courants d'air et de la chaleur, la gerbille a toutes les chances de rester en bonne santé très longtemps.

Voici un tableau qui récapitule en âge humain l'âge des gerbilles

| Âge réel de la gerbille | Âge humain de la gerbille |
|---|---|
| 1 mois | 1 an et demi |
| 3 mois | 5 ans |
| 6 mois | 10 ans |
| 9 mois | 15 ans |
| 1 an | 20 ans |
| 1 an et demi | 30 ans |
| 2 ans | 40 ans |
| 2 ans et demi | 50 ans |
| 3 ans | 60 ans |
| 4 ans | 80 ans |
| 5 ans | 100 ans |

# Pourquoi choisir une gerbille plutôt qu'un autre rongeur ?

Avant d'opter pour un rongeur en particulier, il faut s'interroger sur le mode de vie de l'animal et aussi sur son propre mode de vie ! Si l'on est absent toute la journée, il est déconseillé de prendre un cochon d'inde ou un octodon dont la vie est diurne. Ce sont d'autant plus des animaux qui aiment sentir la présence de leur maître parmi eux !

La gerbille, du moins la Mérione, est un cas particulier, car elle n'est ni diurne, ni nocturne. Elle fonctionne par cycle, en général de quatre heures, et va donc avoir des phases d'éveil et de sommeil. Cela peut être un bon compromis pour se décider pour ce rongeur quand on a un emploi du temps avec des heures de présence irrégulières à la maison.

Cependant le plus important reste le caractère et le comportement de l'animal. Il faut se demander ce que l'on recherche chez un petit animal. Un animal câlin que l'on pourra porter sur soi ou alors un animal au mode de vie très riche et donc à observer pendant des heures ?

La gerbille ne fait pas partie de ces animaux qui passeront des heures sur vous à se faire papouiller. Elles ont besoin de bouger et gesticulent dans tous les sens. Il ne faut pas s'attendre à les voir s'étaler sur vous tout naturellement comme pourraient le faire un lapin et un cochon d'inde. Il existe bien sûr des exceptions ! J'en ai moi-même fait l'expérience avec ma toute première gerbille qui avait toute mon attention. A cette époque, je ne savais pas que les gerbilles ne devaient pas vivre seules. Ma gerbille vivait en liberté dans mon studio et me suivait partout et m'observait à longueur de journée. (je ne recommande pas de laisser en permanence des gerbilles en liberté dans la maison, le risque de les écraser est grand et le risque de passer des heures à les chercher pour savoir où elles se sont cachées est aussi grand !) . Donc ma gerbille qui s'appelait Abel montait sur mes genoux quand je m'asseyais parterre et lisais et il finissait par se coucher. Il venait aussi dans le lit lové contre moi le soir pour y dormir toute la soirée et passer le reste de la nuit à faire de la roue !! Forcément il était en forme après un gros dodo ! La nuit, il était enfermé dans sa cage. Une fois, je me souviens que j'étais malade, et que j'avais passé l'après-midi allongée sur la banquette, il était monté et s'était lové dans le creux de mon ventre (j'étais couchée en chien de fusil) et il y est resté 4 heures ! Ce style de comportement reste bien sûr exceptionnel, mais tout cela pour dire qu'il ne faut pas choisir une gerbille pour son côté câlin !

En revanche, c'est un animal curieux comme bon nombre de rongeurs et qui est l'affût de toute nouveauté et qui aime venir vous voir à la porte de sa cage quand on ouvre la porte. Elle n'hésitera pas à venir dans vos mains pour y prendre un petit morceau d'une délicieuse friandise ! C'est également un animal qui aime jouer dans les tunnels, les cachettes, construire son nid à l'aide de matériaux comme les brindilles de foin, des bouts de carton, enfin tout ce qui n'est pas nocif pour elle et elle peut passer des heures à préparer son coin dodo !

Si ce style d'animal qui bouge sans cesse une fois éveillé, vous convient, c'est l'animal qu'il vous faut. Si vous souhaitez un animal paisible et câlin, l'idéal est un cochon d'inde.

Un autre critère entre en jeu : l'espérance de vie de l'animal. Souhaite-t-on s'engager à court ou long terme ? C'est une question non négligeable car s'engager à prendre un animal, c'est s'engager à prendre soin de lui en continu et être prêt à trouver une solution quand on s'absente pour que quelqu'un prenne la relève en cas d'absence prolongée.

Certains propriétaires de rongeurs n'hésitent pas à laisser plusieurs jours seuls leurs rongeurs en leur donnant abondance de nourriture et eau. Il est bon de rappeler qu'un animal peut tomber malade à tout instant, si personne n'est là pour l'observer et vérifier que tout va bien, il risque de mourir sans avoir eu les soins adéquats.

Une fois que vous vous êtes posé toutes ces questions, vous pouvez enfin sereinement envisager le choix du bon rongeur !

## *Adopter une gerbille*

Une fois que l'on s'est décidé pour une gerbille, il reste à savoir où s'approprier ce petit rongeur. Il est tentant de se rendre tout simplement en animalerie, mais il faut savoir que derrière les enseignes des animaleries qui se veulent attrayantes, la plupart d'entre elles cachent la maltraitance à l'égard des animaux vendus, notamment avant leur arrivée dans le magasin. Les animaux, en particulier les rongeurs, sont souvent amenés à être reproduits dans des conditions peu recommandables avec entassement des rongeurs dans des petits bacs, sans la moindre préoccupation de leur bien-être. Il est même fréquent de retrouver des cadavres de ces petites bêtes au milieu des animaux vivants. En outre, l'élevage intensif ne se préoccupe pas des problèmes de génétique et les problèmes de **consanguinité** sont fréquents, ce qui risque de fragiliser l'animal et de lui valoir une espérance de vie plus courte et des problèmes de santé. Par consanguinité, on entend la reproduction sexuée entre deux individus ayant un lien de parenté proche ou plus éloigné. Ce style d'élevage concerne souvent les grandes enseignes qui vendent des animaux que l'on retrouve même confinés dans des aquariums avec peu d'aérations et très peu de place. Si vous rencontrez ce style d'animalerie, passez votre chemin.

On peut être tenté de se dire que le pauvre petit rongeur enfermé dans une cage minuscule sera sauvé en l'achetant. Mais en raisonnant ainsi, on ne fait qu'attiser le marché de ventes d'animaux ! Le mieux est donc d'acquérir un animal chez un éleveur scrupuleux ou alors le plus simple, d'en adopter un en association ou éventuellement sur les petites annonces. Attention encore à ce que le particulier qui propose des gerbilles ne le fasse pas dans un but lucratif. Certains vendent des gerbilles, souris ou rats pour servir de nourriture aux serpents. Ils leur importent peu l'endroit où finiront les animaux vendus, ce qui les intéresse est le gain d'argent.

L'idéal est par conséquent de trouver un petit éleveur limitant à une ou deux portées par an les géniteurs ou le mieux est de prendre en association.

Des millions d'animaux sont abandonnés dans le monde. Heureusement les sociétés de protection des animaux ou les associations sont là pour intervenir et prendre en charge ces pauvres bêtes lâchement abandonnées pour X raisons. En prenant un animal chez eux, vous permettez à l'animal d'avoir une belle fin de vie et contribuez à faire vivre les associations en leur permettant de prendre en charge d'autres animaux dans l'urgence.

Il ne faut pas oublier que la décision de prendre une gerbille, c'est aussi décider d'en prendre au moins deux ! Ce petit rongeur n'aime pas la solitude et sera bien plus épanoui s'il a un compagnon avec qui partager son quotidien. Il ne faut surtout pas croire que votre présence suffira à le rendre heureux même si vous êtes toujours là pour lui. Les gerbilles aiment dormir lovées les unes contre les autres, et cela n'est pas possible à réaliser avec un être humain !!!

*Mylène et Meffi, quelques unes de nos premières gerbilles*

# Conclusion

Les premiers rongeurs que j'ai eus étaient des gerbilles. J'ai tout de suite craqué pour ces petites boules de poils adorables. Elles ont un mode de vie très actif une fois qu'elles sont réveillées et on ne s'ennuie jamais à les observer au quotidien. En outre, on peut créer avec elles un lien fort si l'on prend le temps de les apprivoiser en les appâtant avec des friandises et si on leur laisse la liberté de monter sur nous, chose facile à faire en s'asseyant sur le sol tranquillement, un livre en main par exemple. De nature très curieuse, elles prendront l'habitude de monter sur vous et pour certaines, ce sera l'occasion de se lover contre vous. Cela est plus facile à obtenir avec des gerbilles vieillissantes qui bougent moins. Elles sont aussi à l'écoute de leur maître et elles aussi prennent soin d'observer l'humain !

Si elles ont la possibilité de s'épanouir avec des jeux et de l'espace, vous ferez de vos gerbilles des rongeurs heureux.

Le seul point négatif que j'ai trouvé personnellement est leur durée de vie assez courte. C'est ainsi qu'au fil du temps, je me suis tournée vers un autre rongeur, le cochon d'inde, avec un tout autre mode de vie, mais sans oublier le bonheur que les gerbilles ont pu m'apporter !

Heureusement, nous avons à nouveau des gerbilles à la maison grâce à mon fils qui souhaitait connaître ce petit rongeur.

C'est un bonheur au quotidien et je souhaite à tous les propriétaires de gerbilles de vivre ce lien exceptionnel que j'ai pu avoir avec les miennes. Pour cela il faut être prêt à leur offrir un espace hors d'une cage ou d'un terrarium pour qu'elles soient plus proches de vous.

*Cohabitation insolite entre un cochon d'inde femelle, Wendy et une gerbille, Elsa (gerbille citée en début d'ouvrage, proche de la gerbille de Shaw, poids 120 gr). Photo du bas, Xena*

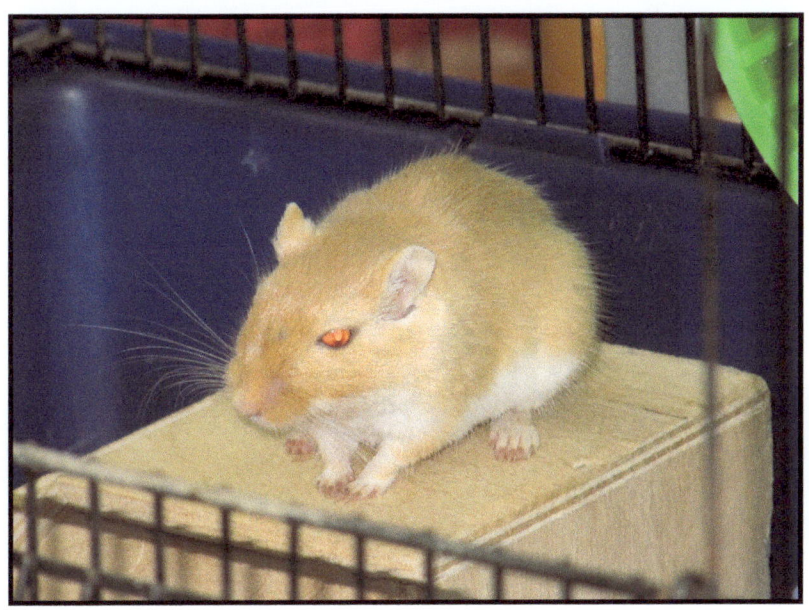

Éditeur : Books on Demand GmbH, 12/14 rond point des Champs Élysées, 75008 Paris, France

Impression : Books on Demand GmbH, Norderstedt, Allemagne

ISBN : 9782322174935

Dépôt légal : juillet 2017